El Perro con Sombrero meets Los Gatos con Gelatos

By Derek Taylor Kent

Illustrations by Lynx Animation Studios

Spanish Translation by Mara Martínez

Books by Derek Taylor Kent:
El Perro con Sombrero (ages 3-8)
Doggy Claus/Perro Noel (ages 3-8)
Simon and the Solar System (ages 4-9)
Counting Sea Life with the Little Seahorse (ages 0-5)
Principal Mikey (ages 7-12)
The *Scary School* Series (ages 7-12)
Kubrick's Game (ages 13+)

EL PERRO CON SOMBRERO MEETS LOS GATOS CON GELATOS
By Derek Taylor Kent

www.WhimsicalWorldBooks.com
www.DerekTaylorKent.com

Text copyright © 2019 by Derek Taylor Kent
Illustrations copyright © 2019 by Derek Taylor Kent
All rights reserved.

Library of Congress Cataloging-in-Publication Data
Kent, Derek Taylor
El Perro con Sombrero meets Los Gatos con Gelatos / Derek Taylor Kent : Illustrations by Lynx
Animation Studios : Translated by Mara Martínez — First edition.
34 pages   25,4 x 20,32 cm
Summary: Pepe races to deliver a forgotten homework assignment to little Lucia,
but Los Gatos con Gelatos have other plans.
ISBN: 978-0-9995554-5-3 (hardcover)
1.Dogs - Juvenile Fiction   2. Books in Spanish - Juvenile Fiction   3. Pet Adoption - Fiction

Whimsical World books may be purchased for business or promotional use. For information
on bulk purchases, please contact Whimsical World sales department at
info@WhimsicalWorldBooks.com

First Edition—2019 / Designed by Lynx Animation Studios
Printed in China

Pepe waited patiently at the feet of little Lucia
while she finished her homework.

Pepe esperó paciente a los pies de la pequeña Lucía
mientras terminaba su tarea.

"All done!" said Lucia to Pepe. "Once I turn in this homework
on time tomorrow, I'll get an A in math! Now we can play."

"¡Listo, terminé!", dijo Lucía a Pepe. "Una vez que entregue esta tarea
a tiempo mañana, ¡sacaré un 10 en matemáticas! Ahora podemos jugar"

They played catch with a tennis ball.
Jugaron a atrapar la pelota de tenis.

They played soccer in the backyard.
Jugaron fútbol en el patio.

Lucia even taught him to throw a Frisbee!
¡Lucía incluso le enseñó como lanzar un Frisbee!

At the end of the day, Pepe needed a bath,
but he refused because he was afraid of water.

Al final del día, Pepe necesitaba un baño,
pero no quiso bañarse porque le tenía miedo al agua.

-3-

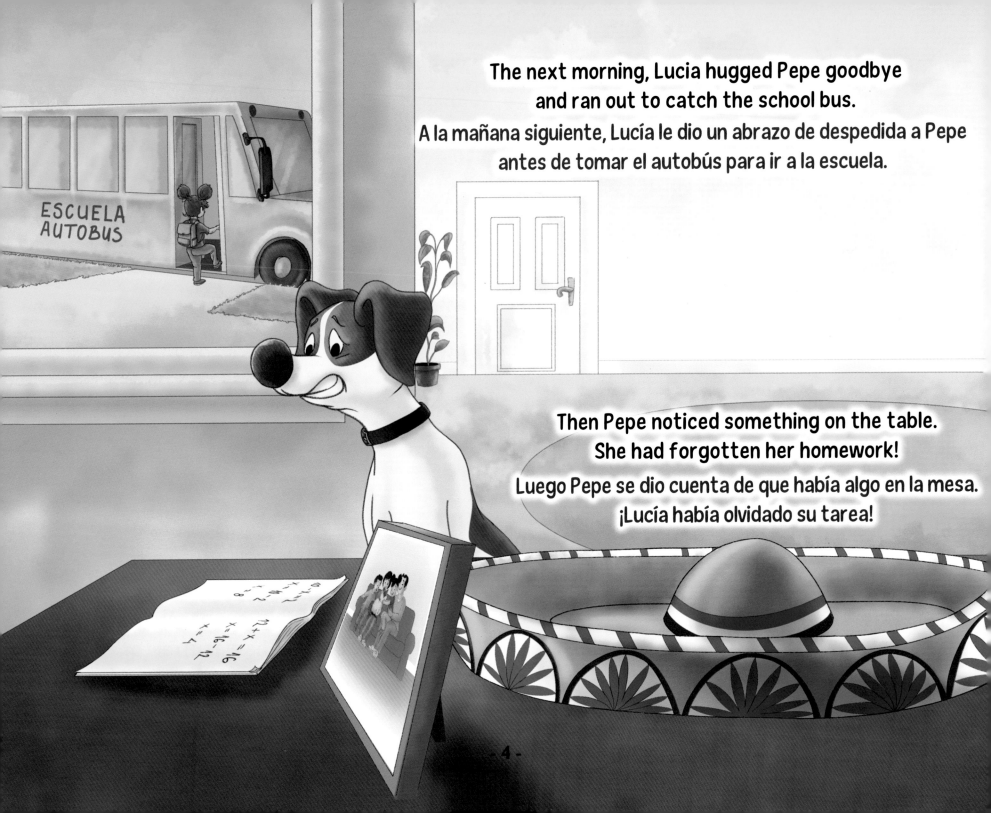

The next morning, Lucia hugged Pepe goodbye
and ran out to catch the school bus.

A la mañana siguiente, Lucía le dio un abrazo de despedida a Pepe
antes de tomar el autobús para ir a la escuela.

Then Pepe noticed something on the table.
She had forgotten her homework!

Luego Pepe se dio cuenta de que había algo en la mesa.
¡Lucía había olvidado su tarea!

Pepe ran outside with it, but the bus was already gone.
Pepe corrió afuera con la tarea, pero el autobús ya se había ido.

He looked up at the town clock.
He had ten minutes before school started.
Miró el reloj del pueblo.
Tenía 10 minutos antes de que empezaran las clases.

What would Pepe do?
¿Qué haría Pepe?

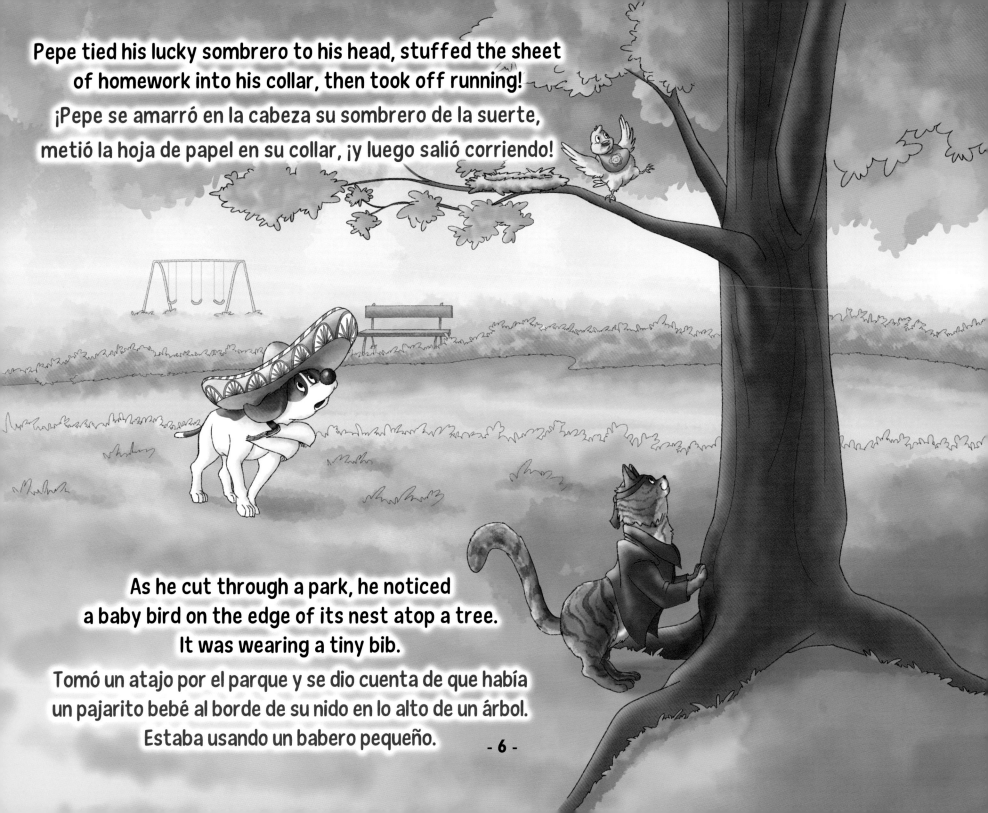

Pepe tied his lucky sombrero to his head, stuffed the sheet of homework into his collar, then took off running!

¡Pepe se amarró en la cabeza su sombrero de la suerte, metió la hoja de papel en su collar, ¡y luego salió corriendo!

As he cut through a park, he noticed a baby bird on the edge of its nest atop a tree. It was wearing a tiny bib.

Tomó un atajo por el parque y se dio cuenta de que había un pajarito bebé al borde de su nido en lo alto de un árbol. Estaba usando un babero pequeño.

- 6 -

Pájaro.

Babero.

El pájaro con babero!

The bird fell out of the tree, where a hungry cat was waiting below.
El pájaro se cayó del árbol donde le esperaba un gato hambriento.

What would Pepe do?
¿Qué haría Pepe?

He leaped over the cat and caught the bird by its bib!
¡Saltó por encima del gato y atrapó al pajarito bebé por su babero!

"Hey, that was *my* meal!"
the cat hissed before scurrying away.
"¡Oye, esa es *mi* comida!",
siseó el gato antes de escabullirse.

"Thank you," chirped El Pajaro. "But how will you get me back into my nest?
Dogs can't climb trees."
"Gracias", pió el pájaro. "Pero ¿cómo me regresarás a mi nido?
Los perros no pueden subir por los árboles."

Pepe had an idea. He turned his sombrero upside down,
placed the bird on the rim, then jumped onto the other end.
The bird catapulted into the air and landed in its nest.

Pepe tuvo una idea. Volteó su sombrero,
puso al pájaro en el borde y luego saltó sobre el otro borde.
El pájaro se catapultó y aterrizó en su nido.

"Thank you again!" El Pajaro tweeted.
"¡Gracias otra vez!", pió el pájaro.

Pepe continued running,
but then he noticed a big dog trapped inside a car.

Pepe continuó corriendo,
pero se dio cuenta de un perro grande atrapado dentro de un auto.

"Help me!" yelped the big dog.
"It's too hot in here!"
"¡Ayúdenme!", gritó el gran perro.
"¡Hace mucho calor aquí!"

What would Pepe do?
¿Qué haría Pepe?

Pepe turned and saw a soccer field with a game going on.
Pepe volteó y vio un campo de fútbol donde se estaba jugando un partido.

He dashed onto the field
and intercepted the soccer ball.
Corrió al campo e interceptó el balón.

The players started chasing after him, but Pepe expertly dribbled it to the car.
Los jugadores empezaron a perseguirlo, pero Pepe, hábilmente, dirigió el balón al auto.

Then one of the players said,
"Oh no! I forgot to roll down the window for my dog!
Thank you for showing me!"
Luego uno de los jugadores dijo:
"¡Ay no! ¡Olvidé bajar la ventana del auto!
¡Gracias por mostrármelo!"

The man rolled down the window
and the big dog thanked Pepe.

El hombre bajó la ventana del auto
y el perro grande le agradeció a Pepe.

Not wasting another moment,
Pepe dashed down the street.
Sin perder tiempo,
Pepe corrió por la calle.

As he cut across a courtyard, he was suddenly surrounded by a gang of cats,
including the one that lost the bird. They were all licking ice cream cones.
Mientras tomaba un atajo se vio rodeado de una pandilla de gatos,
incluyendo al que había perdido al pájaro. Todos estaban comiendo helado.

Gatos.

Gelatos.

¡Los Gatos con Gelatos!

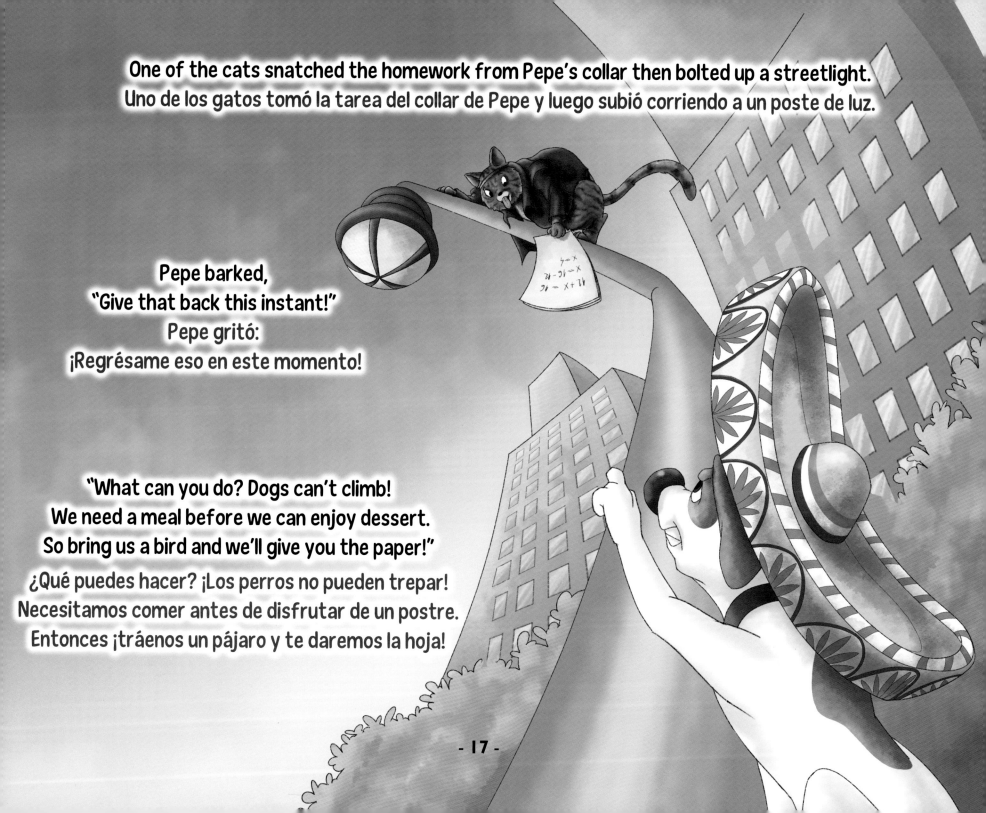

One of the cats snatched the homework from Pepe's collar then bolted up a streetlight.
Uno de los gatos tomó la tarea del collar de Pepe y luego subió corriendo a un poste de luz.

Pepe barked,
"Give that back this instant!"
Pepe gritó:
¡Regrésame eso en este momento!

"What can you do? Dogs can't climb!
We need a meal before we can enjoy dessert.
So bring us a bird and we'll give you the paper!"
¿Qué puedes hacer? ¡Los perros no pueden trepar!
Necesitamos comer antes de disfrutar de un postre.
Entonces ¡tráenos un pájaro y te daremos la hoja!

"But I've never caught a bird," said Pepe.
"Pero nunca he atrapado un pájaro,"dijo Pepe.

The cat extended its claws
and started to shred the homework.
El gato sacó sus garras
y empezó a rasgar la tarea.

"Then say goodbye to this paper."
"Entonces despídete de esta hoja."

Thinking quick, Pepe took the sombrero
and threw it like a Frisbee!
¡Pensando rápidamente, Pepe tomó el sombrero
y lo lanzó como un Frisbee!

It knocked the homework out of the cat's paw
and it floated down to the ground.
Hizo que el gato soltara la tarea,
que bajó al suelo flotando.

But before Pepe could catch it,
a bird swooped down, snatched the paper in its talons and flew away.
Pero antes de que Pepe pudiera agarrarla,
un ave se abalanzó sobre ella, tomó la tarea en sus patas y voló lejos.

The cats laughed,
"You've lost it for forever now!"
Los gatos se rieron,
"¡Ahora la perdiste para siempre!"

What would Pepe do?
¿Qué haría Pepe?

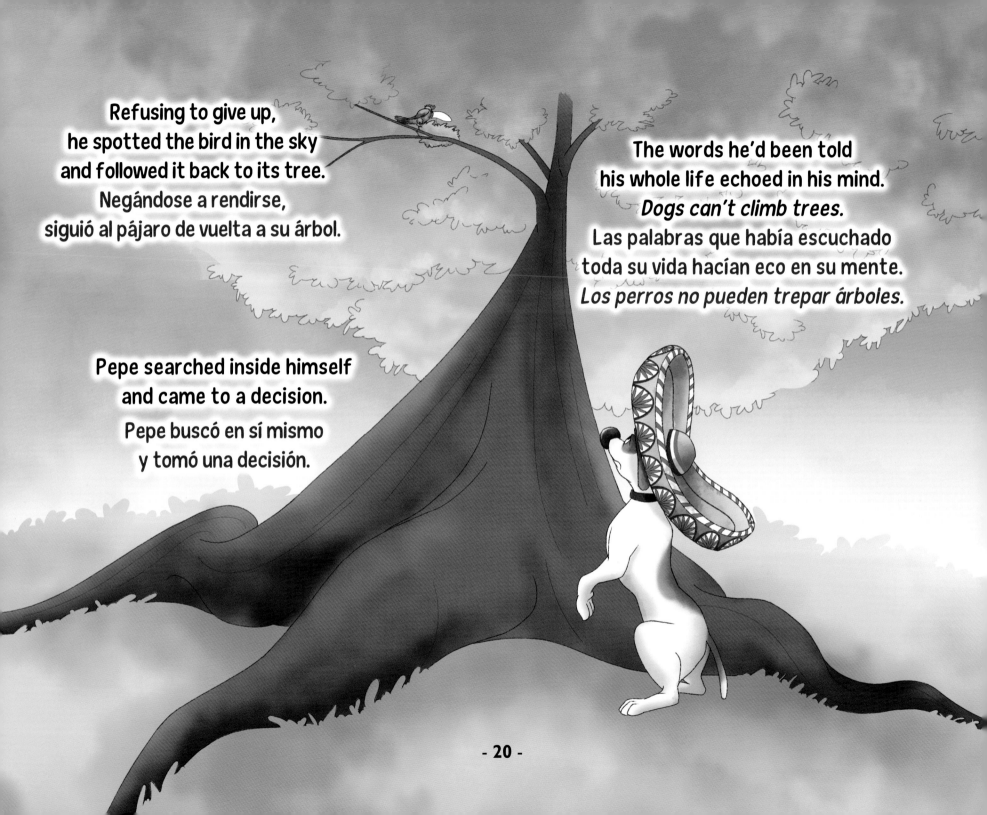

Refusing to give up,
he spotted the bird in the sky
and followed it back to its tree.
Negándose a rendirse,
siguió al pájaro de vuelta a su árbol.

The words he'd been told
his whole life echoed in his mind.
Dogs can't climb trees.
Las palabras que había escuchado
toda su vida hacían eco en su mente.
Los perros no pueden trepar árboles.

Pepe searched inside himself
and came to a decision.
Pepe buscó en sí mismo
y tomó una decisión.

This dog can climb a tree!
¡Este perro puede subir los árboles!

He leaped into the trunk, dug in with his claws,
and inched his way upward with all his strength.

Saltó al tronco, clavó sus garras
y subió con todas sus fuerzas.

When he reached the top branch, Pepe said, "Excuse me, that's my paper."
Cuando alcanzó la rama de hasta arriba, Pepe dijo: "Disculpa, esa es mi tarea. "

"Sorry," cooed the bird. "I need it for my nest."
"Perdón, la necesito para mi nido" –dijo el pájaro.

Then El Pajaro popped its head out.
"Mama, that's the dog that saved me!"
Luego un pajarito asomó la cabeza.
"Mamá, ¡ese es el perro que me salvó!"

"Oh!" chirped the mama bird, and she happily gave Pepe back the homework.

– ¡Ahh! – pió la mamá pájaro y felizmente le devolvió la tarea a Pepe.

That's when Pepe noticed
Los Gatos con Gelatos waiting underneath.

Fue entonces que pepe notó que
los gatos con helados esperaban abajo.

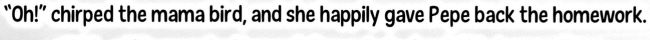

"Drop us a bird or you'll never get out of here with that paper!" they hissed.

"¡Danos un pájaro o nunca saldrás de aquí con esa tarea!", sisearon.

What would Pepe do?

¿Qué haría Pepe?

Before Pepe could do anything, the big dog jumped out of the car window!
It charged forward barking so loudly, Los Gatos dropped their gelatos and ran away.

Antes de que pudiera hacer algo, ¡el gran perro saltó por la ventana del auto!
Avanzó ladrando muy fuerte, Los Gatos tiraron su helado y escaparon.

- 24 -

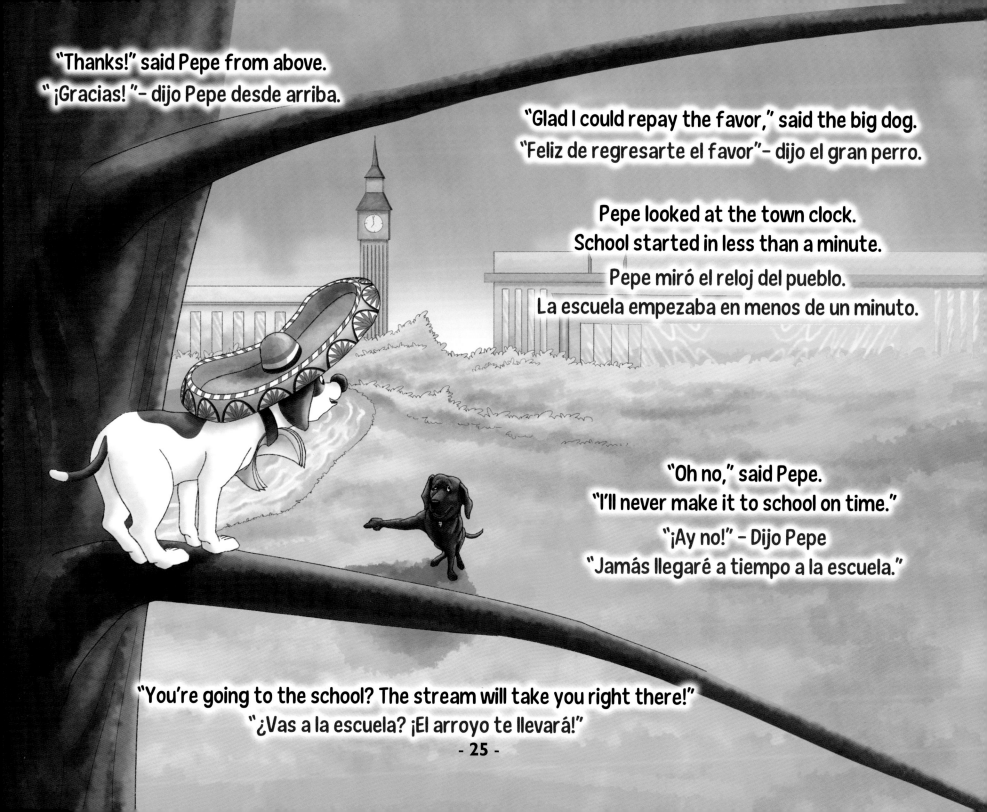

"Thanks!" said Pepe from above.
" ¡Gracias! "– dijo Pepe desde arriba.

"Glad I could repay the favor," said the big dog.
"Feliz de regresarte el favor"– dijo el gran perro.

Pepe looked at the town clock.
School started in less than a minute.
Pepe miró el reloj del pueblo.
La escuela empezaba en menos de un minuto.

"Oh no," said Pepe.
"I'll never make it to school on time."
"¡Ay no!" – Dijo Pepe
"Jamás llegaré a tiempo a la escuela."

"You're going to the school? The stream will take you right there!"
"¿Vas a la escuela? ¡El arroyo te llevará!"

- 25 -

Pepe noticed a fast-flowing stream that snaked through the park.

Pepe notó un arroyo que pasaba muy rápido por el parque.

Oh no, thought Pepe. Anything but water!

"Oh no", pensó Pepe, "Todo, menos agua".

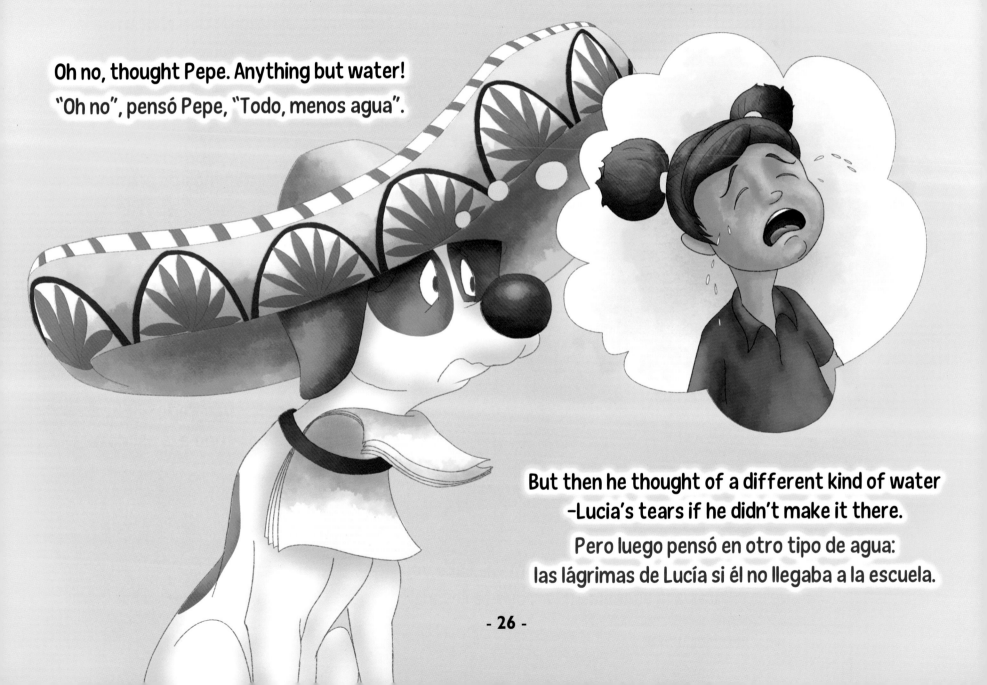

But then he thought of a different kind of water –Lucia's tears if he didn't make it there.

Pero luego pensó en otro tipo de agua: las lágrimas de Lucía si él no llegaba a la escuela.

Summoning his courage, he leaped out of the tree and landed in the water.

Tomando coraje, saltó del árbol y aterrizó en el agua.

Pepe rode his sombrero like a canoe all the way to the school!

¡Pepe usó su sombrero como canoa hasta la escuela!

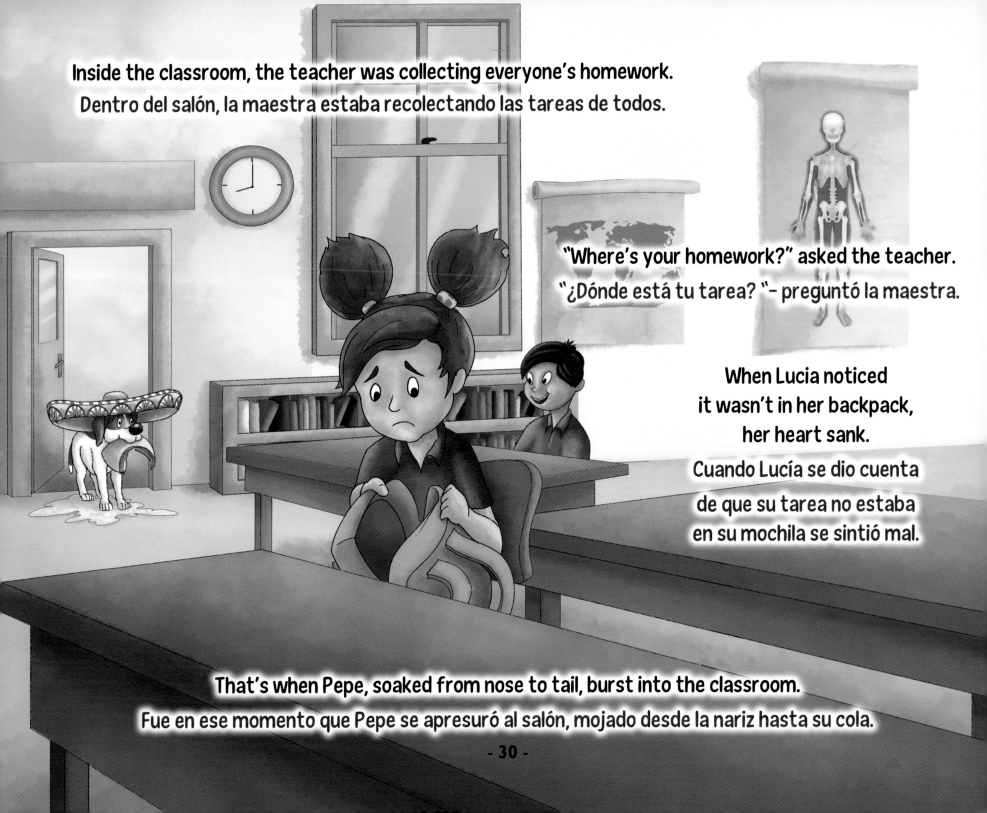

Inside the classroom, the teacher was collecting everyone's homework.

Dentro del salón, la maestra estaba recolectando las tareas de todos.

"Where's your homework?" asked the teacher.

"¿Dónde está tu tarea? "- preguntó la maestra.

When Lucia noticed
it wasn't in her backpack,
her heart sank.

Cuando Lucía se dio cuenta

de que su tarea no estaba
en su mochila se sintió mal.

That's when Pepe, soaked from nose to tail, burst into the classroom.

Fue en ese momento que Pepe se apresuró al salón, mojado desde la nariz hasta su cola.

He placed the homework on Lucia's desk, then collapsed in exhaustion.

Puso la tarea de Lucía en el escritorio y cayó de cansancio.

"Here it is," said Lucia, beaming.

" ¡Aquí está!" – dijo Lucía radiante.

For the rest of the day,
Pepe slept underneath Lucia's desk,
nestled inside his sombrero.

El resto del día,
Pepe durmió debajo del escritorio de Lucía
dentro de su sombrero.

"Hee-hee," Lucia giggled.
"Now you are El Perro *in* Sombrero!"

"Je je je" – rió Lucía.
"¡Ahora eres el Perro *en* el Sombrero!"

- 33 -

For

Sheri, Zander, Mom, Dad, Westley, Hazel,

Bingo, Greg, Mama Judy, Julie and Owen

Just like Pepe, you can be a hero by performing good deeds.
Going above and beyond for the ones who need you
will give you a feeling of peace and accomplishment.

Al igual que Pepe, puedes ser un héroe realizando buenas obras.
Ir más allá de los que te necesitan te dará una sensación de paz y logros.